THÈSE

DE

LICENCE.

FACULTE DE DROIT DE TOULOUSE.

ACTE PUBLIC

POUR

LA LICENCE

En exécution de l'Article 4, Titre 2, de la Loi du 22 Ventôse an XII.

SOUTENU

Rar **M. FABRY** (Augustin),

Né à Bellegarde (Tarn).

TOULOUSE,

Typographie Troyes OUVRIERS REUNIS,
Rue Saint-Pantaléon, 5.

—

1861.

A TOUS MES PARENTS.

A TOUS MES AMIS,

Jus Romanum.

De culpæ præstatione.

DIG. LIB. L , TIT. XVII , L. 23. — DIG. LIB. X , TIT. II,
L. 25 , § 16. — INST. JUST. LIB. III , TIT. XIV , § 3. —
INST. JUST. LIB. III , TIT. XXV , § 9.

Ille qui illicitè rei alicujus detrimentum affert , damnum quod à
suo facto provenit præstare debet. Sic in lege Aquiliâ Romanum jus
voluit.

Casus fortuitus , vis major , detrimentum afferre possunt quod
humana prudentia avertere nequit , et cui humana infirmitas cedere
cogitur. — Nemo casu fortuito vel vi majore obligatur , nisi contraria
conventio obvenerit ; et sicut ait Ulpianus « animalium casus , mortes
» quæque sine culpâ accidunt , fugæ servorum qui custodiri non so-
» lent , rapinæ , tumultus , incendia , aquarum magnitudines , impetus
» prædonum à nullo præstantur : » nisi contra convenerit.

Prætereà damnum alicujus facto èt negligentiâ fieri potest. Nemo damnum facit , nisi qui id fecit quod facere jus non habet ; non videtur vim facere qui suo jure utitur. Quod si ego contrà illicitè egerim , injuriâ meâ vel dolum vel culpam constituam.

Damnum certum quod dolus appellatur pro negligentiâ accipi non potest. Dolus est factum hominis qui sanâ mente et sponte suâ aliis obnocuit ; in hoc casu , damni reparatione semper tenetur , et nullius ponderis esset pactio quæ illum à reparatione liberaret. « Illud nullâ pactione effici potest, ne dolus præstetur. (D. lib. II , tit. XIV)» . Hæc conventio contra bonam fidem , cóntra bonos mores est idéò non præstanda.

Culpa autem imperitia vel omissio dicitur , in eâ omnis intentio nocendi abest , et maximum discrimen inter eas est.

Jure in antiquo jurisperiti quidam triplicem culpæ modum numerabant ; lata , levis , levissima culpa appellantur. Lata , id est non intelligere quod omnes intelligunt.

Levis , non adhibere eam diligentiam quam pater-familias rebus suis adhibere solet

Levissima , talem non adhibere diligentiam quam pater-familias diligentissimus rebus suis adhibere potest.

Lata culpa planè dolo comparabitur. Illa eâdem stat in recente modo quem mox exponemus.

Sed quid diversum inter levem et levissimam culpam invenitur? Nihil. Ferè similes sunt ; in altera diligens , in altera diligentissimus pater-familias habetur. Verè , inter eas minimum discrimen videre non possumus. Attamen in Romanis legibus , certa et longe ab aliis diversa sæpè culpa videtur , de quâ hi jurisperiti nunquàm locuti sunt , etenim legimus « coheres talem diligentiam præstare debet qualem in suis rebus. » (D. lib. X , tit. II , l. 25 , ? 16). « Sufficit talem diligentiam in communibus rebus adhibere socium , qualem suis rebus adhibere solet . » (Just. Ins. lib. III , tit. XXV , § 9). Cum tam certis legibus dubitare nefas est. Deindè hoc verbum culpa levissima in uno loco solum invenitur. Ex omnibus , hanc culparum divisionem non veram esse facilè intelligimus.

Nunc novam exponens doctrinam , duplicem solum culparum gradum dicam : primum , lata culpa dolo proxima , quæ est magna negligentia vel omissio hujus diligentiæ quam omnes homines suis rebus adhibere solent , ant factum illud in re alienâ quod nemo admittit in re propriâ. Culpam igitur latam committit qui non prospicit , qui non curat quod omnes qui sensu omnium utuntur provident et intelligunt se curare debere. Ut si quis rem suæ fidei commissam , in loco publico , per turbam , incustoditam jacere patiatur ; ità latâ culpâ reus est ille qui arborem habens , ramos dejicientem in viâ publica , euntes non monet , et unum inter alios , aliquandò , rami ruinâ interficit.

Sed præter dolum culpamve latam quibus omnes tenentur , culpam levem etiam reperimus quæ quibusdam tantum incumbit. Culpæ levis duo sunt gradus : culpa levis in abstracto , culpa levis in concreto.

Culpa levis in abstracto hæc omissio est diligentiæ in re alienâ , quam diligens pater-familias rebus suis adhibere solet. — Contra in leve in concreto « talem diligentiam adhibere debet , qualem suis rebus adhibere solet. »

De culpâ in abstracto , diligens vel diligentissimus pater-familias idem existimatur ; de culpâ in concreto , in aliis rebus eamdem diligentiam , easdem curas afferre persona debet , quam in rebus suis afferre solet.

Indè duplex solùm modus culparum secundùm jurisperitos Germanicos invenitur : 1º lata culpa dolo proxima ; 2º levis culpa , sive in abstracto , sive in concreto.

In contractibus fidei bonæ servatur , ut si quidem utriusque contrahentis commodum versetur , etiam culpa ; sin unius solius , dolus malus tantummodo præstetur. (D. l. 108 , de legatis).

Sed in contractibus in quibus utriusque utilitas vertitur.... et dolus et culpa præstatur (D. l. 5 , Commod).

Contractus quidam dolum malum duntaxat recipiunt , quidam et dolum et culpam ; dolum tantum (et latam culpam , quæ in contractibus æquiparatur dolo) depositum et precarium ; reverâ in deposito , nulla depositarii utilitas vertitur , sed solius deponentis : dolum et culpam , mandatum , commodatum , venditum , pignori acceptum , locatum , item dotis datio , tutelæ, negotia gesta (in hisquidem et diligentia) , societas et rerum communio , et dolum et culpam recipit. Sed hæc ita , nisi si quid nominatìm convenit, yel plus vel minus , in singulis contractibus ; nam hoc servabitur quod initio convenit , legem enim contractus dedit (D. lib. L , tit. XVII , l. 23).

Nunc pauca de his contractibus dicam :

Nulla mandatarii utilitas in proprie dicto contractu mandati vertitur : videtur ergo dolum tantum præstare eum debere , ut in deposito. Verum disparitas est ; quod ad rem servandam nulla industria requiratur , ut ad negotia gerenda. Hinc qui negotium gerendum recipit, industriam et diligentiam huic negotio gerendo parem recipere et promittere videtur ; undè pro negotii naturâ culpam aut levem aut levissimam , quæ huic diligentiæ respondeat , præstare debet.

Qui mandatum recipit , dolum et culpam levem in concreto præstare debet ; sufficit ei tantam diligentiam adhibuisse quantam in suis rebus adhibere solitus est , nam si aliquis minimè diligenti mandatum dederit , suam sibi imprudentiam imputare debet.

In Justiniani Institutionibus de commodato legitur : « at is qui utendum accipit sanè quidem exactam diligentiam custodiendæ rei præstare jubetur » etenim in commodato is qui utendum accepit, dolum et levem culpam in abstracto præstare videtur. Is qui mutuum accepit, sive casu, sive vi majore nihilhominus obligatus permanet , nam in mutuo dominum transfertur , et is qui dominium habet , rerum suarum periculum ferre debet.

In his quatuor contractibus , venditione , locatione , pignore , dote , utriusque utilitas versatur. Hinc meritò culpa præstatur : in bonis dotalibus , talem solum præstare diligentiam vir debet , quam in propriis ; indè culpa in concreto obligatus solùm permanet.

Cum administratio pupillarium negotiorum diligentiam desideret ; consequens est ut tutor, quamvis nulla ejus utilitas versetur , culpam huic diligentiæ contrariam præstet. Verum levem duntaxat præstet : nec enim exactissima diligentia ab eo exigenda est , qui non sponte sed necessitate injuncti muneris hanc administrationem suscepit : sufficitque ut eam adhibeat diligentiam quam rebus suis adhibet.

Negotiis gestis, et maximè in his diligentiam exactissimam præstare debet gestor, si gerendis se immiscuit ipse; cum alius diligentior ea esset gesturus.

Quod si Justiniani Institutiones inspiciamus de societate invenimus : « prævaluit tamen etiam teneri socium. Culpa autem non ad exactissimam diligentiam dirigenda est : sufficit enim talem diligentiam in communibus rebus adhibere socium, qualem suis rebus adhibere solet ; nam qui parum diligentem socium sibi adsumit, de se queri debet. » Unde sociam, dolum et culpam levem in concreto præstare videmus.

Non tantùm dolum, sed etiam culpam in re hereditaria præstare debet coheres ; quoniam cum coherede non contrahimus, sed incidimus in cum. Sed quæ culpa præstatur ? Culpa levis in concreto, talem igitur diligentiam præstare debet qualem in suis rebus, nam et hunc conjunxit ad societatem non consensus, sed res (D. lib. X, tit. II, l. 15, § 16).

POSITIONES.

I. Quid eveniet, si is qui rem depositam recepit, quùm in casu fortuito suam et aliam rem salvas facere non potuerit, suam salvam fecit et aliam reliquit ?

II. Quid simile vel diversum inter legem 1927 gallicam et dolum quem præstare debet is qui rem custodiendam amicus tradidit ?

III. Quæ culpa negotiorum gestore præstanda est ? — Distinguitur.

IV. Quæ culpa tutoribus et curatoribus præstanda est ?

Code Napoléon.

Des divers ordres de successeurs légitimes ou illégitimes et des qualités requises pour succéder.

(731 à 755. — 725 à 720).

De toutes les manières d'acquérir et de transmettre la propriété des biens, il n'en est pas qui soit plus importante et plus étendue que l'hérédité ou la succession. Ce mode de transmission, consacré dans la législation de tous les peuples, a été environné d'une constante faveur. Il repose sur le besoin de conserver les biens dans les familles, ou bien encore naît des sentiments d'affection qui doivent unir le défunt à ceux qui lui sont liés par le sang. La transmission héréditaire des biens est de droit naturel. C'est la nature qui dit au père de travailler, d'acquérir, afin que ses enfants puissent jouir du bien-être, quand il ne sera plus.

Tout l'esprit de la loi sur les successions repose sur cette idée vraie et naturelle, que la diversité des systèmes politiques émis naguère par d'audacieux novateurs n'a pu ni altérer, ni ébranler.

Le mot succession a une double signification. Tantôt il exprime le

fait de la transmission de biens par suite de décès , tantôt l'universalité
des droits , biens , dettes et charges que le défunt laisse en mourant :
sous ce dernier rapport, il est synonyme d'hérédité. Ceux qui prennent
la place des personnes qui transmettent les biens sont désignés sous le
nom d'héritiers.

La loi sur les successions a pour but de régler la transmission des
biens des personnes qui sont frappées par la mort sans avoir fait de tes-
tament, ou bien d'indiquer à ces personnes le mode de disposer de leurs
biens.

On distingue donc deux sortes de successions : la succession testamentaire et la succession légitimaire ou hérédité *ab intestat*. Il en est encore
une troisième , connue sous le nom d'institution contractuelle ou institution par contrat de mariage, dont nous ne parlerons pas.

La succession testamentaire est celle qui résulte de la volonté de
l'homme ; la succession légitime émane des dispositions de la loi ; cette
dernière seule doit être l'objet de nos études.

Suivant le cadre et les limites qui nous sont tracés , nous diviserons
la matière en deux parties : dans la première , nous parlerons de divers
ordres de successeurs légitimes ou illégitimes ; dans la seconde , des
qualités requises pour succéder.

PREMIÈRE PARTIE.

Des divers ordres de successeurs légitimes ou illégitimes.

La loi distingue deux ordres de successeurs : les successeurs légitimes
et les successeurs illégitimes. Elle accorde de plus un droit particulier
à l'ascendant donateur (747).

Les successeurs légitimes, sont ceux qui font partie d'une famille qui
a pour source une union licite, une union consacrée par les lois, le
mariage. Les successeurs illégitimes , sont ceux qui sont issus de deux
personnes , unies entr'elles par un lien illicite , par une association non

2

reconnue par les lois, le concubinat ; tels sont les enfants naturels.

Le motif de cette distinction, et des différences que nous remarque-rons entre ces deux ordres de successeurs, consiste dans le désir du législateur de faire rechercher et honorer le mariage. Les Romains, dans le même but, refusaient au père le droit de puissance paternelle sur ses enfants issus du concubinat, et à ceux-ci, les avantages attachés à la légitimité.

La loi règle l'ordre de succéder entre les successeurs légitimes ; quant aux successeurs illégitimes, ils ne prennent part à l'hérédité qu'à défaut des premiers; c'est ce qui résulte de l'art. 723. Cependant l'enfant naturel *légalement reconnu*, peut venir à une succession en concours avec des successeurs légitimes, pour réclamer la part de l'hérédité qui lui est at-tribuée par la loi. Cette exception est basée sur la justice : en effet, si les enfants naturels sont le fruit d'une union non reconnue par les lois, ils ne doivent pas cependant être victimes d'une faute dont ils sont innocents.

Dès l'instant de la mort du défunt, les successeurs légitimes sont sai-sis de plein droit des biens, droits et actions qui composent sa succession ; ils continuent sa personne dans la possession des biens qui composent son hérédité ; *le mort saisit le vif.*

Les successeurs illégitimes ne succédant qu'aux biens et non à la personne, n'ont jamais la saisine ; pour avoir la jouissance des biens composant la succession, ils doivent, d'après l'art. 724, se faire en-voyer en possession par justice; ils sont appelés à défaut d'héritiers du défunt ; sinon, il est évident, malgré le silence de la loi, qu'ils doi-vent, pour obtenir la mise en possession des biens qui leur reviennent de la succession, s'adresser aux héritiers avec lesquels ils concourent.

Les droits de l'enfant naturel, en concours avec des successeurs légiti-mes, sont réglés par l'art. 757 ; mais n'ayant à parler que subsidiaire-ment des successeurs illégitimes, ce serait sortir des limites tracées, que d'exposer ici, quelle est la part des biens à laquelle l'enfant naturel peut prétendre. Nous n'avons à nous occuper que des successeurs légitimes.

Avant d'examiner l'ordre des successeurs légitimes, il importe de donner quelques notions sur la computation de la parenté et sur la représentation.

De la computation de la parenté.

La *parenté* est le lien qui existe entre deux personnes qui descendent l'une de l'autre, ou qui, sans descendre l'une de l'autre, descendent d'un auteur commun.

La proximité de parenté s'établit par le nombre de générations qui séparent un parent de l'autre ; le nombre de ces générations s'appelle *degré ;* la suite des degrés forme la *ligne.*

La ligne est *directe*, lorsqu'elle se compose de personnes se rattachant à un auteur commun les unes par les autres.

La ligne est *collatérale*, lorsqu'elle se compose de personnes descendant d'un auteur commun, indépendamment les unes des autres.

La ligne directe est *descendante*, lorsqu'elle lie le chef avec ceux qui descendent de lui, et *ascendante*, lorsqu'elle lie une personne avec ceux dont elle descend.

Pour calculer la parenté en ligne directe, on compte autant de degrés qu'il y a de générations entre les personnes : ainsi, le fils est, à l'égard du père, au premier degré ; le petit-fils, au second, et *vice-versâ* (737). En ligne collatérale, les degrés se comptent également par les générations, depuis l'un des collatéraux jusques et non compris l'auteur commun, et depuis celui-ci jusqu'à l'autre collatéral : ainsi, deux frères sont au deuxième degré ; l'oncle et le neveu sont au troisième ; les cousins germains au quatrième.

Les parents sont paternels ou maternels, ou tout à la fois paternels et maternels. Il y a en outre des parents consanguins, utérins et germains.

De la représentation.

En règle générale, les successions sont déférées aux parents les plus proches du défunt, au moment de son décès. Il arrive souvent que des parents plus éloignés sont appelés concurremment avec des parents plus proches. On arrive à ce résultat au moyen de la représentation.

La représentation, qu'il ne faut pas confondre avec la transmission, est une fiction de la loi, ou plutôt un bénéfice de la loi, dont l'effet est de faire monter les enfants ou descendants d'une personne prédécédée, au degré de cette même personne, et par suite de leur donner les droits qu'elle aurait eus, si.elle eût survécu. (Toullier, n° 189).

La transmission, au contraire, a lieu dans le cas où celui qui était appelé à une succession décède avant son ouverture, avant de s'être porté héritier. Par le privilège de la représentation, les descendants montent à la place de leur auteur. Dans la ligne directe descendante elle est admise à l'infini; elle a lieu, soit que les enfants du défunt concourent avec les descendants d'un enfant prédécédé, soit que tous les enfants du défunt étant morts avant lui, leurs descendants se trouvent entre eux à des degrés égaux ou inégaux (740).

La représentation n'est jamais permise en ligne directe ascendante ; le plus proche exclut toujours le plus éloigné (741).

En ligne collatérale, la représentation n'a lieu qu'en faveur des descendants des frères et sœurs, soit qu'ils concourent avec des oncles ou tantes, soit que tous les frères et sœurs du défunt étant prédécédés, la succession se trouve dévolue à leurs descendants à des degrés égaux ou inégaux (742).

Pour qu'il y ait lieu à représentation, il faut que la place du représenté soit vacante par sa mort (744).

Pour pouvoir représenter, on n'a pas besoin d'être héritier du représenté ; par conséquent, on peut représenter celui à la succession duquel on a renoncé (744).

Dans tous les cas où la représentation est admise, le partage se fait par souches ; si une même souche a produit plusieurs branches, la subdivision se fait par souches dans chaque branche et les membres de la même branche partagent entre eux par tête (743).

Des divers ordres de successeurs légitimes.

La loi ne les appelant pas tous simultanément à la succession, a dû régler entre eux l'ordre de succéder (723).

Elle reconnaît quatre ordres de successeurs légitimes :

1° Les descendants ; 2° les collatéraux privilégiés ; 3° les ascendants ; 4° les collatéraux ordinaires.

Avant de s'occuper de ces divers ordres de successeurs, il importe de donner quelques notions générales contenues dans les articles 732 , 733 et 734.

Dans notre ancien Droit, pour déterminer à qui devaient revenir les biens composant une succession, on recherchait leur origine et leur nature. Cette recherche compliquait la liquidation des successions. Le Code Nap. a fait disparaître cette complication, en décidant que les successions seraient désormais déférées sans qu'on eût à se préoccuper ni de la nature, ni de l'origine des biens qui les composent (732).

Comme conséquence de cette règle et pour établir l'égalité entre les parents paternels et maternels, la loi déclare que toute succession échue à des ascendants ou à des collatéraux se divisera en deux portions : l'une pour la ligne paternelle, l'autre pour la ligne maternelle ; les germains prennent part dans les deux lignes ; les consanguins ou utérins ne prennent part que dans la leur, sauf ce qui sera dit sous l'art. 752. Il ne peut être fait de dévolution d'une ligne à l'autre, à moins qu'il ne se trouve ni ascendant, ni collatéral dans l'une des deux lignes. (733).

Pour éviter les complications auxquelles donnait lieu dans notre ancienne législation, relativement au partage des successions, la règle qui voulait que les biens déférés à chaque ligne fussent subdivisés successivement entre les parents paternels et maternels de chaque ligne, l'art. 734 déclare qu'après la première division entre les lignes paternelle et maternelle aucune subdivision ne pourra être faite entre les diverses branches , et que la moitié afférente à chaque ligne appartiendra au parent le plus proche dans cette ligne.

No 1. — *Des descendants.*

Lorsque le défunt laisse des descendants, la succession leur est déférée en entier ; tous les autres parents en sont exclus.

Les descendants légitimes, légitimés et adoptifs succèdent à leurs père , mère , aïeuls , aïeules et autres ascendants, sans distinction de sexe ni de primogéniture, et encore qu'ils soient issus de mariages différents (746). Toutefois , il faut faire cette précision pour les enfants adoptifs , qu'ils ne succèdent jamais aux ascendants de leur père adoptif. Si les descendants viennent de leur chef à la succession , le partage se fait par tête ; s'ils viennent tous ou en partie par représentation , le partage se fait par souches.

No 2. — *Des collatéraux privilégiés.*

A défaut d'enfants ou descendants du défunt , les frères et sœurs ou descendants d'eux sont appelés à recueillir la succession. Souvent toutes ces personnes vivent en commun sous le même toit ; c'est donc par une préférence juste et motivée que la loi les appelle à recueillir les biens du défunt , puisqu'elles travaillent toutes d'un commun accord à faire fructifier ces biens (746—749). Dans ce cas , trois hypothèses peuvent se présenter , lorsqu'il s'agit de diviser l'hérédité ; nous allons les examiner.

1re *Hypothèse.* — Les frères et sœurs ou descendants d'eux sont en présence du père et de la mère du défunt. Dans ce cas, la succession se divise en deux parties égales ; l'une est déférée au père et à la mère qui la partagent entr'eux , l'autre aux frères et sœurs ou descendants d'eux (748—751).

2me *Hypothèse.* — Les frères et sœurs ou descendants d'eux sont en présence du père seulement ou de la mère seulement du défunt. Dans ce cas , le survivant des père et mère recueille un quart de la succession , et les frères et sœurs ou descendants d'eux recueillent les autres trois-quarts (749-751).

3 e *Hypothèse*. — Les frères et sœurs ou descendants d'eux sont en présence d'ascendants autres que les père et mère du défunt , ou de collatéraux ordinaires. Dans ce cas , ils recueillent la totalité de la succession. Cette quotité est fixe, invariable. Elle est la même , qu'il n'y ait qu'un seul frère ou qu'il y en ait plusieurs; qu'ils soient utérins , consanguins ou germains (749).

Le partage de la moitié , des trois-quarts ou de la totalité des biens déférés aux frères et sœurs du défunt , se fait par égales portions , s'ils sont du même lit; s'ils sont de lits différents, la division se fait par moitié entre les deux lignes paternelle et maternelle du défunt. Les germains prennent part dans les deux lignes , les consanguins ou utérins , chacun dans leur ligne seulement ; s'il n'y a de frères ou de sœurs que d'un côté , ils succèdent à la totalité, à l'exclusion de tous parents de l'autre ligne (752) ; si parmi les collatéraux privilégiés il en est qui se trouvent appelés par représentation , le partage se fait par souches.

No 3. — *Des ascendants.*

Si la personne morte sans postérité ou sans frères et sœurs ou descendants d'eux laisse des ascendants dans les deux lignes paternelle et maternelle , la succession leur est déférée en entier , à l'exclusion de tous collatéraux (746). Elle se divise en deux portions : l'une pour la ligne paternelle , l'autre pour la ligne maternelle. L'ascendant le plus proche dans chaque ligne recueille la moitié affectée à sa ligne , à l'exclusion de tous autres ; les ascendants au même degré succèdent par tête (746).

Si le défunt laisse des ascendants dans une ligne et des collatéraux dans l'autre , on divise la succession de la même manière. L'ascendant survivant le plus proche recueille la portion affectée à sa ligne : le collatéral le plus proche recueille l'autre portion (753).

La loi voulant faire une position privilégiée au survivant des père et mère, dans le cas où une portion de la succession est déférée aux collatéraux, leur accorde l'usufruit du tiers des biens auxquels ils ne succèdent pas en propriété (754).

No 4. — *Des collatéraux ordinaires.*

Si le défunt ne laisse ni descendants, ni collatéraux privilégiés, ni ascendants, sa succession est déférée aux collatéraux les plus proches (753). Elle se divise en deux parts, dont l'une est recueillie par les collatéraux de la ligne paternelle et dont l'autre est déférée aux collatéraux de la ligne maternelle.

S'il y a concours de collatéraux au même degré dans chaque ligne, le partage se fait par tête ; sinon le plus proche recueille la totalité de la part affectée à sa ligne.

Mais, pour qu'un collatéral puisse recueillir la part de succession affectée à sa ligne, il faut qu'il soit parent du défunt au douzième degré au moins ; car les parents au-delà du douzième degré ne succèdent pas (755).

No 5. — *Succession anormale.*

L'art. 747 s'exprime ainsi : les ascendants succèdent, à l'exclusion de tous autres, aux choses par eux données à leurs enfants ou descendants décédés sans postérité, lorsque les objets donnés se retrouvent en nature dans la succession. — Si les objets ont été aliénés, les ascendants recueillent le prix qui peut en être dû. Ils succèdent aussi à l'action en reprise que pouvait avoir le donataire.

D'après l'examen de cet article, nous voyons que les ascendants donateurs ont un droit de retour sur les objets qu'ils ont donnés à leurs enfants donataires, dans le cas où ceux-ci meurent sans postérité.

Ce droit de retour est très ancien. L'ascendant qui se dépouille en faveur de ses descendants est déterminé par une affection en faveur de la ligne descendante. Il est censé que, s'il avait présumé que le descendant donataire mourrait avant lui, il se serait réservé le droit de retour ; ce retour accordé par la loi à l'ascendant donateur, prend le nom de retour légal, dans le cas de cet article. La loi dit : les ascendants succèdent. Elle considère ce droit comme un droit de succession. Cette succession admise en faveur de l'ascendant donateur s'appelle succession anormale.

Ce retour légal est destiné à épargner au donateur la double perte de ses enfants et des biens qu'il leur a donnés. Ce droit étant personnel à l'ascendant donateur, ne saurait être valablement exercé par ses héritiers.

Quelles sont les conditions de l'exercice du droit de retour?

1o Il faut, que le descendant donataire meure sans postérité avant l'ascendant donateur. La loi présume que l'ascendant n'a pas voulu exclure les enfants du donataire de la libéralité faite à leur père.

2o Il faut que les objets donnés se retrouvent en nature dans la succession, et qu'il soit possible de les distinguer des autres biens. Si le donataire a disposé à titre gratuit ou onéreux des choses données, le retour légal est éteint. S'il y a des aliénations, le donateur est tenu de les respecter ; mais tout ce qui reste de la succession doit retourner à l'ascendant donateur, qui recueillera aussi ce qui pourra être dû sur le prix.

Si le donataire a fait un échange, l'ascendant donateur reprend l'immeuble ou la créance acquise en contre-échange. En reprenant la chose donnée, l'ascendant ne peut se faire indemniser des dégradations et détériorations ; en revanche, il acquiert les augmentations qui peuvent avoir été faites à l'objet donné ; il profite de tout ce qui s'est uni à la chose, soit naturellement, soit artificiellement. Toullier n'est point de cet avis, il prétend que l'ascendant n'a droit aux améliorations qu'en tenant compte de la plus value. Il confond

3

ainsi les principes du droit commun avec ceux qui régissent un cas spécial. (Duranton , n° 224 , Chabot , n° 21).

DEUXIÈME PARTIE.

§ 1. — *Des qualités requises pour succéder.*

Pour succéder, il faut nécessairement exister au moment de l'ouverture de la succession.

Sont donc incapables de succéder : 1° celui qui n'est pas encore conçu ; 2° l'enfant qui n'est pas né viable (725).

L'enfant qui n'est pas encore conçu , n'a pas d'existence naturelle , lors du décès de la personne *de cujus successione agitur* , et n'a nul droit à cette succession , quoique conçu, s'il ne naît vivant et viable. La preuve de la conception , en vertu de laquelle on regarde fictivement comme déjà né , l'enfant qui n'est que conçu , incombe au demandeur ou bien à ses ayants-cause. L'enfant prouvera qu'il était conçu lors de l'ouverture de la succession , quoique né neuf mois et quelques jours après, en s'appuyant sur la présomption de longue gestation , prévue par la loi (art. 312) qui le considère comme conçu dès le moment où il est né dans les trois cents jours à dater de l'ouverture de la succession.

L'enfant doit non-seulement naître , mais encore naître viable *pleni temporis*, car celui qui naît constitué de manière à ne pouvoir pas continuer de vivre , n'est pas considéré par la loi comme ayant pris place dans la société; d'après cette règle , inutile de dire que l'enfant mort-né ne peut conférer nul droit.

Le moment de la conception doit être déterminé avec le plus grand soin, puisque les droits à la succession peuvent être revendiqués par l'enfant conçu au moment du décès La preuve de non-viabilité doit être alléguée par ceux qui sont intéressés à la contester; les preuves pourront résulter , soit de la présentation des registres de l'état civil , soit des personnes qui auraient assisté à l'accouchement.

La mort civile constituait une autre cause d'incapacité, mais elle a été abolie par la loi du 31 mai 1854.

L'art. 726, dicté par un principe d'intérêt national, a été abrogé par la loi du 14 juillet 1819. En conséquence, les étrangers auront le droit de succéder, de disposer et de recevoir de la même manière que les Français dans toute l'étendue du royaume (Art. 1er); seulement en cas de partage d'une succession entre cohéritiers Français et étrangers, si en vertu des lois et coutumes locales, les Français se trouvaient exclus d'une portion des biens situés en pays étranger, ils pourront prélever, sur les biens situés en France, une portion égale à la valeur de cette partie des biens. (Art. 2).

§ 2. — De l'indignité.

La loi défère la succession suivant l'ordre des affections du défunt ; or celui qui s'est rendu coupable envers lui de faits offensants ou criminels, est présumé avoir perdu son affection. D'un autre côté il serait immoral que l'auteur de pareils faits vînt recueillir les dépouilles de sa victime, peut-être même le fruit de son crime. C'est sur ces deux idées que repose la théorie de l'indignité en matière de succession.

L'indignité diffère essentiellement de l'incapacité ; la première empêche le droit de se maintenir, tandis que la seconde l'empêche de naître. L'indignité résulte de torts graves envers le défunt, qui excluent de la succession celui qui s'en est rendu coupable. Elle ne se présume jamais, mais se prouve, et ne produit son effet que lorsqu'un jugement l'a formellement déclaré. Dans ce cas, elle fait cesser la saisine héréditaire, que n'avait pas empêché par lui-même le fait illicite, à raison duquel l'indignité a été prononcée.

Le Code précise les cas où l'indignité doit être encourue : ces cas sont au nombre de trois. Sont indignes, et comme tels exclus des successions :

1o Celui qui serait condamné pour avoir donné, ou tenté de donner la mort au défunt (art. 727). La nature et la morale se refusent, en effet, à ce que celui qui a été condamné *comme meurtrier*, puisse recueillir les dépouilles de sa victime.

L'homicide par imprudence, ou le meurtre déclaré excusable, ou même la mort résultant de blessures volontaires faites sans intention de la donner, ne pourraient l'exclure, art. 727, dont l'interprétation est controversée sur ce point. La cause d'indignité résultant de la condamnation, mais non de l'exécution de la peine, ne s'efface, ni par la prescription de la peine, ni par la grâce émanée du souverain, ni par le pardon accordé par le défunt au meurtrier. ;

2o Celui qui a porté contre le défnnt une accusation capitale, jugée calomnieuse. — Il faut que cette dénonciation ait été assez grave pour entraîner une condamnation à mort, et que l'accusé ait poursuivi et fait condamner l'héritier, comme dénonciateur calomnieux.

3o L'héritier majeur qui, instruit du meurtre du défunt, ne l'aura pas dénoncé à la justice (727). — Cette dénonciation ne peut être étendue à tous les individus. La morale commande des exceptions. Il eût été trop rigoureux de placer les personnes qui sont unies par une parenté étroite, dans l'alternative de perdre la succession ou de dénoncer le crime. Aussi, le législateur s'est-il empressé d'ajouter cette disposition : le défaut de dénonciation ne pourra être opposé aux ascendants ou descendants du meurtrier, ni à ses alliés au même degré, ni à son époux ou son épouse, ni à ses frères ou sœurs, ni à ses oncles ou tantes, ni à ses neveux et nièces (728).

L'indignité étant une peine, ne peut être prononcée que par jugement. La demande en indignité peut être formée par tous intéressés. : elle doit être intentée dans les trente ans qui suivent l'ouverture de la succession et portée devant le tribunal du domicile de l'indigne.

A partir de la déclaration de l'indignité, l'héritier est considéré comme n'ayant jamais eu de droit à l'hérédité; il est même réputé ne l'avoir possédée que de mauvaise foi.

L'héritier judiciairement exclu de l'hérédité, doit restituer aux personnes à qui elle est dévolue par suite de son indignité, tous les objets héréditaires dont il a pris possession, les fruits civils ou naturels qu'il a perçus ; en un mot , tout ce dont il peut avoir eu la jouissance depuis l'ouverture de la succession , au profit de laquelle renaissent les obligations dont il pouvait être tenu à l'égard du défunt. D'un autre côté , il a droit au remboursement de toutes les sommes qu'il a déboursées pour acquitter les dettes de l'hérédité , avec les intérêts à dater du jour de leur paiement. Les créances qu'il avait contre l'hérédité , renaissent comme si elles n'avaient pas été éteintes par la confusion.

Les actes d'administration, les aliénations de meubles , consentis par l'indigne pendant sa jouissance , doivent être maintenus. Quant aux aliénations d'immeubles , à titre gratuit ou onéreux , elles doivent être maintenues ou annulées, selon la bonne ou la mauvaise foi des tiers.

L'indignité encourue par une personne ne peut être opposée à ses descendants, lorsqu'ils viennent de leur chef, sans avoir besoin du secours de la représentation. Mais , dans ce cas, l'indigne ne peut réclamer sur les biens de cette succession l'usufruit que la loi accorde aux père et mère sur les biens de leurs enfants (730). Ceux-ci seraient exclus s'ils avaient besoin du bénéfice de la représentation , puisqu'ils viendraient représenter une personne dépourvue de droits.

Si l'indigne a des cohéritiers , ils recueilleront la totalité de la succession , à l'exclusion de ses enfants ; seulement ceux qui n'ont pas été parties dans l'instance qui a amené la déclaration d'indignité , ne pourront profiter du bénéfice de l'indignité.

POSITIONS.

I. Le parent coupable , mort avant la personne offensée, peut-il être représenté par ses enfants ? — Oui.

II. Quelles différences y a-t-il entre une personne incapable de succéder et un héritier coupable contre lequel l'indignité n'a pas encore été prononcée ?

III. Quel intérêt y a-t-il à distinguer si les petits-enfants succèdent de leur chef ou par représentation ?

IV. Les enfants naturels reconnus peuvent-ils représenter leur père ou leur mère. — Non.

V. Le meurtrier qui n'a été condamné qu'à des peines correctionnelles *parce que le meurtre a été jugé excusable*, peut-il être déclaré indigne. — Oui.

Droit Commercial.

―――

DES COMMERÇANTS.

**Quel est leur caractère ? — Des incapables et de ceux
auxquels le commerce est interdit.**

La qualité de commerçant soumet à certaines obligations, telles que
la tenue des livres, la publication du contrat de mariage et des juge-
ments de séparation de corps et de biens ; elle entraîne aussi la contrainte
par corps, et rend susceptible de faillite ou de banqueroute. D'un autre
côté, elle attribue certains droits spéciaux, tels que celui de choisir les
membres du tribunal de commerce, dont celui qui la possède peut seul
être appelé à faire partie.

Cette qualité sert aussi à déterminer le caractère commercial de
certains engagements et à soustraire, par conséquent, certaines personnes à la juridiction civile pour les soumettre à la juridiction commerciale. Il n'est donc pas sans importance de savoir tout d'abord à
quels signes on pourra les reconnaître.

L'art. 1er du Code de Commerce déclare commerçants ceux qui exercent des actes de commerce et en font leur profession habituelle. Ainsi donc il ne suffit pas, d'après la loi, de faire quelques actes isolés pour être réputé commerçant, bien que ces actes soumettent à la juridiction commerciale. L'exercice même fréquent d'actes de commerce ne suffirait pas pour faire ranger une personne parmi les commerçants, il faudrait encore que cet exercice fît supposer de la part de celui qui s'y livrerait, qu'il veut en faire sa profession. Toutefois il est bon d'observer que le Code dit que l'exercice d'actes de commerce doit être la profession habituelle et non pas principale ; d'où il suit que celui qui a une profession avouée et qui, sous le masque de cette profession, se livre à l'exercice habituel d'actes de commerce, pourra être déclaré commerçant et, comme tel, soumis à toutes les obligations résultant de cette qualité.

Trois conditions sont donc requises pour constituer la qualité de commerçant : la profession, l'habitude et l'exercice d'actes de commerce. Mais qu'est-ce qu'un acte de commerce ? C'est ce que le Code ne nous apprend qu'en nous renvoyant aux art. 632, 633, où ces actes se trouvent énumérés. Or, toute nomenclature, toute énumération est en général trop absolue ou incomplète ; c'est ce qui est arrivé dans ce cas. Ainsi les articles précités ne font pas mention des assurances terrestres que nous rangeons dans la catégorie des actes de commerce. De plus, de leur texte il semble résulter que l'artisan qui achète, non par spéculation, mais forcément, les matières premières qui sont nécessaires à l'exercice de sa profession, serait un commerçant, ce qu'on ne saurait admettre. Le mérite de la définition du Code peut donc sous ce rapport être contesté, elle ne nous donne qu'une idée vague et imparfaite des commerçants ; aussi la définition suivante nous semble-t-elle préférable : « Le commerçant est celui qui, agissant, avant tout, dans un esprit de spéculation, se livre à un trafic sur les objets considérés par la loi comme meubles. »

C'est surtout à cet esprit de spéculation que l'on doit s'attacher ; car c'est là le caractère principal du commerçant. Ce caractère connu, nous rangerons de prime-abord , hors de la catégorie des commerçants, ceux qui n'ont pas cet esprit de spéculation. Ainsi l'artisan qui n'achète des matières premières que pour l'exercice de sa profession, ne saurait être considéré comme commerçant , il ne se propose pour but que de louer son travail et n'a pas l'esprit de spéculation. Ne sera pas non plus rangé dans cette classe le maître de pension , pour l'achat des denrées que nécessite l'entretien de son établissement , parce que la nourriture des élèves n'est que l'accessoire de l'objet de son établissement ; le principal , ce qui caractérise l'état, c'est l'instruction , qu'on ne peut , en aucun cas , qualifier de marchandise. Du reste , par marchandise , on ne doit pas entendre tout ce qui peut faire l'objet d'une spéculation, et partant donner la qualité de commerçant à celui qui achète des immeubles pour les revendre : ainsi l'a décidé un arrêt de la Cour de Cassation. Il n'est pas toujours nécessaire que les conditions dont nous avons parlé soient réunies pour constituer la qualité de commerçant. Ces conditions ne sont exigées que comme des indices de l'intention , que comme des signes auxquels on pourrait la reconnaître , lorsqu'elle est douteuse ; de sorte que celui qui aurait fondé un établissement , ouvert des magasins ou annoncerait par tout autre mode de publicité qu'il veut exercer telle profession , devrait être considéré comme commerçant , bien qu'il n'eût fait qu'un très petit nombre d'actes.

Le caractère auquel on doit reconnaître le commerçant établi , il nous reste à dire quelles sont les personnes qui peuvent faire le commerce.

Des incapables et de ceux auxquels le commerce est interdit :

Toutes personnes peuvent prendre la qualité de commerçant, à moins qu'elles ne soient empêchées par la nature ou par la loi.

§ 1er — *Du mineur.*

Au premier rang des incapables figure le mineur. Cependant, le légis-

4

lateur, comprenant qu'il pouvait être utile et même nécessaire de lui accorder la faculté de faire le commerce, le relève de son incapacité, lorsqu'il remplit les conditions suivantes :

Le mineur doit être émancipé, parce que l'émancipation le soustrait à la puissance paternelle, et lui confère la capacité d'administrer ses biens. Mais l'émancipation pouvant lui être conférée après l'âge de 15 ans révolus, il y aurait danger à lui permettre de faire des actes qui sortent des limites d'une simple administration ; aussi la loi interdit-elle, d'une manière absolue, tout acte de commerce avant 18 ans révolus.

Il faut encore qu'une autorisation particulière lui soit donnée par les personnes qui ont le droit de conférer l'émancipation. Cette autorisation doit être expresse et préalable ; elle ne saurait s'induire de l'approbation tacite donnée par les parents. L'autorisation du père ne peut être remplacée par celle de la mère ou du conseil de famille, que dans les cas où il se trouve dans l'impossibilité de manifester sa volonté par suite d'interdiction ou d'absence.

Après avoir mis le mineur à l'abri du danger que pouvait lui faire courir sa position commerciale, il fallait assurer les tiers de sa capacité. La loi a donc exigé, que l'acte d'autorisation fût enregistré au greffe et affiché au Tribunal de Commerce du lieu où le mineur veut établir son domicile.

L'aptitude du mineur à devenir commerçant, est soumise aux conditions que nous venons d'énoncer. Elles sont également requises de sa part, lors même qu'il ne ferait qu'un ou quelques actes isolés. Mais ces formalités une fois remplies, la loi le répute majeur, et lui donne conséquemment le droit d'engager et d'hypothéquer ses immeubles, pour sûreté des engagements que nécessitent ses opérations, ou pour se procurer les fonds dont il a besoin.

Cependant, la faveur du commerce ne va pas jusqu'à lui permettre d'aliéner ses immeubles, sans les formalités requises pour l'aliénation des biens des mineurs ; mais les créanciers, envers lesquels il se sera obligé, auront le droit de poursuivre sur ses biens l'exécution de leurs titres commerciaux , comme ils le feraient vis-à-vis d'un majeur , sans être obligés de discuter préalablement son mobilier.

Le mineur qui réunit les conditions dont nous avons parlé , est réputé majeur , mais seulement pour les affaires relatives à son commerce. Quant aux engagements qui y seraient étrangers , il reste dans la même incapacité que s'il n'était pas commerçant. Mais d'après l'art. 638 Cod. Com. , tous billets faits par un commerçant étant réputés commerciaux , on s'est demandé si les engagements du mineur , qui n'énoncent pas la cause pour laquelle ils ont été contractés , devaient être réputés faits pour son commerce. Nous pensons que si l'acte est dans une forme commerciale, comme un effet négociable et souscrit envers un commerçant , il devra être réputé commercial. Si, au contraire , il n'est pas souscrit envers un commerçant, ou s'il n'est pas dans une forme commerciale , la présomption sera qu'il est fait pour une cause purement civile , pour laquelle il ne jouit que de la capacité de tout mineur émancipé.

Cette capacité du mineur n'est pas irrévocable ; car, s'il gérait mal son commerce , on pourrait , en lui retirant le bénéfice de l'émancipation , le rendre à son incapacité première.

§ 2ᵐᵉ — De la femme mariée.

L'incapacité de la femme mariée ne tient pas, comme celle du mineur, à un empêchement naturel ; elle est fondée sur des motifs de convenance , dont le mari est le seul juge. La femme mariée ne peut faire le commerce sans l'assentiment de son mari ; chacun comprend les raisons de convenance qui ont fait admettre ce principe ; et puisqu'il s'agit de simples raisons de convenance et non pas d'une incapacité proprement dite , on comprend aussi que l'assentiment du mari ne soit soumis à aucune forme extérieure.

Pas de difficultés si les deux conjoints sont majeurs ; mais *quid* si le mari est mineur et la femme majeure? Le consentement du mari n'en est pas moins indispensable ; seulement , dans l'espèce, le consentement du conseil de famille du mari sera nécessaire si les actes de la femme peuvent compromettre sa fortune. Ce consentement ne sera pas demandé dans le cas contraire. — *Quid*, si la femme est mineure et le mari majeur? La femme mineure qui épouse un majeur est émancipée par le mariage, mais elle ne peut faire le commerce en son nom avant sa dix-huitième année. Après avoir obtenu le consentement de son mari, elle devra demander l'autorisation de son conseil de famille.

En principe, la femme qui veut faire le commerce a toujours besoin du consentement de son mari. Celui-ci, arbitre suprême, peut refuser l'autorisation ou la retirer après l'avoir accordée. On fait cependant exception à ce principe, toutes les fois que la femme a besoin d'être protégée contre la mauvaise volonté de son mari : *malitiis non est indulgendum*. Ainsi, une femme commerçante demande et obtient une séparation de biens à cause des prodigalités de son mari ; par esprit de vengeance, celui-ci lui retire l'autorisation de faire le commerce : dans ce cas, la justice permettra à la femme de le continuer.

Le consentement peut être tacite, il s'induit du seul fait que la femme a un négoce séparé de celui de son mari. Cette dernière condition est nécessaire pour que la femme soit considérée par la loi comme marchande publique; car, si elle ne faisait que détailler les marchandises du commerce de son époux, elle serait censée n'être que préposée (Art. 420, Cod. de Com.).

La femme majeure qui fait le commerce avec l'assentiment de son mari, reprend plutôt l'exercice des droits qu'elle avait confiés à son mari, qu'elle ne revêt une capacité nouvelle, comme le mineur. Quel que soit son âge, elle les exerce dans les limites tracées par son contrat de mariage et reste toujours soumise à des devoirs de retenue imposés en quelque sorte à son sexe. Ainsi, elle ne peut ester en jugement sans l'autorisation de son mari, à laquelle on supplée, en cas de refus, par celle des tribunaux.

La femme, dit l'art. 5 Cod. de Comm., peut, sans l'autorisation de son mari, s'obliger pour ce qui concerne son négoce ; elle peut également engager, hypothéquer et aliéner ses immeubles. Les engagements

de la femme commerçante affectent ses biens , qui deviennent le gage
commun de ses créanciers ; sa personne est de plus soumise à la
contrainte par corps. Vis-à-vis du mari , les engagements commerciaux
de la femme produisent des effets différents , suivant le régime sous
lequel ils sont mariés. Sous celui de la séparation de biens ou du régime
dotal , les bénéfices n'appartenant qu'à la femme , elle seule scra res-
ponsable. *Ubi emolumentum , hic et onus esse debet ;* les créanciers n'auront donc pas de recours contre son mari. Sous celui de la communauté légale ou réduite aux acquets par contrat de mariage , le mari est
réputé associé ou caution solidaire de la femme ; car les bénéfices tom-
bant dans la communauté , les dettes commerciales devront y rentrer
aussi. Dans le cas où le mari est obligé , son obligation ne peut être que
réelle et non personnelle ; autrement , il serait soumis à la contrainte
par corps pour les engagements souscrits par sa femme. Le Code est
muet à cet égard ; mais nous ne pensons pas qu'il soit entré dans l'intention du législateur de mettre entre les mains de la femme une arme
dont il lui serait trop facile d'abuser.

Des personnes auxquelles le commerce est interdit.

Il ne faut pas confondre les incapables avec ceux auxquels le commerce est interdit ; car ces derniers possèdent la capacité nécessaire
pour contracter ; mais les convenances sociales et l'intérêt public exigent
que ceux qui exercent certaines professions , ou qui remplissent certaines fonctions publiques , s'abstiennent de l'exercice du commerce.

1º Un édit du mois de mars 1765 l'interdit aux magistrats ; un dé-
cret de 1810 , confirmé par une ordonnance royale de 1822 , l'interdit aux avocats; enfin , les canons de l'église, confirmés par un édit
de 1707 , l'interdisent aux ecclésiastiques. La loi défend le commerce
à ces trois ordres de personnes à cause de la dignité de leur profession.

2º Il est d'autres personnes auxquelles le commerce est interdit , dans
l'intérêt général du commerce même ; tels sont les agents de change ,
les courtiers. Cette prohibition n'empêche pas qu'ils ne puissent être

déclarés commerçants , s'ils contreviennent à la loi ; ils sont même traités plus rigoureusement , et leur banqueroute est toujours regardée comme frauduleuse (404 Cod. Proc.)

3º Les art. 175 , 176 du Code Pénal interdisent aussi le commerce à certaines personnes qui pourraient , en monopolisant , amener la disette parmi ceux-là même auxquels ils sont chargés de procurer l'abondance : comme les préfets , les maires , les commandants de places , etc Mais il y a cette différence entre ces personnes et celles dont nous avons déjà parlé , que les actes, faits par les personnes des deux premières catégories , tiendront en principe dans l'intérêt des parties, même en faveur de celui qui aurait contrevenu à ses devoirs , sauf les peines disciplinaires ; tandis qu'en cas d'abus , de la part des personnes de la troisième, on pourrait priver le prévaricateur des avantages que l'acte devait amener pour lui , ou bien demander la nullité de cet acte, si l'intérêt des tiers qui ont contracté avec lui l'exigeait.

Si le contraire avait lieu , l'acte tiendrait contre le prévaricateur.

POSITIONS.

I. — Sous le régime de la communauté , le mari d'une femme commerçante est-il soumis à la contrainte par corps pour les engagements souscrits par sa femme ? — Non.

II. — La présomption que l'engagement souscrit par un commerçant, sans expression de cause , est commercial , doit-elle être appliquée au mineur commerçant ? — Distinction.

III. — Lorsqu'une femme mariée mineure veut faire le commerce, l'autorisation de son mari peut-elle être suppléée par celle de la justice? — Oui.

Droit Administratif.

Sous quel rapport les actes de tutelle administrative rentrent-ils dans les attributions de l'administration active au premier chef.

Notre Droit public place dans un état de minorité perpétuelle les départements, les communes et tous les établissements d'utilité publique, les hospices, colléges, séminaires, fabriques, maisons d'aliénés, etc. Le pouvoir exécutif est le tuteur né de ces personnes morales, dont il doit approuver tous les actes. D'après leur importance, ces actes provoquent des arrêtés préfectoraux ou ministériels, ou bien des décrets impériaux. Ceux-ci sont presque toujours rendus dans la forme des réglements d'administration publique, c'est-à-dire *le Conseil d'Etat entendu.* Ces décisions du pouvoir tutélaire, toutes de protection et de conservation, sont des actes de l'administration active au premier chef, et se trouvent ainsi inattaquables par recours contentieux. La critique et le procès *ex post facto* des actes de tutelle administrative rendraient dérisoire, et même impossible, la protection due et accordée par le gouvernement.

L'autorisation d'accepter des dons et legs, de transiger, de plaider, l'établissement des octrois, la fixation des objets qui doivent payer des droits, les achats, ventes, échanges, locations, modes de jouissance des biens départementaux, communaux ou d'établissements publics.. , généralement tous les actes d'administration, nécessitent l'intervention et l'approbation du pouvoir. Dans tous ces cas le pouvoir gracieux est seul compétent, parce qu'un grand nombre de ces actes de tutelle blesse des intérêts et provoque des réclamations.

L'État représentant seul l'intérêt général, les personnes morales, telles que les départements, les communes, les établissements publics, ne peuvent revendiquer la juridiction contentieuse qui n'est réservée au pouvoir exécutif que pour faire respecter ce principe éminemment conservateur : *l'intérêt général de l'État doit pouvoir surmonter et vaincre les obstacles de l'égoïsme privé.* (Chauveau).

Ainsi, les actes de tutelle administrative rentrent dans les attributions de l'administration active au premier chef, et, par conséquent, il ne peut y avoir de recours contentieux contre ces actes. Cependant la règle de la tutelle *sans appel* fléchit lorsque l'autorité tutélaire commet des excès de pouvoir, par exemple, lorsque le ministre de l'intérieur refuse de soumettre à l'Empereur les demandes des communes, des établissements publics, qui ont pour but d'obtenir l'autorisation d'aliéner leurs biens, d'accepter des dons et legs... Dans les cas où l'autorisation ne peut émaner que du souverain, lorsque le préfet s'obstine à ratifier un acte qui n'a vie que par la sanction impériale, etc. Par une autre exception dont on comprend les motifs, tout refus d'autorisation de plaider ouvre aux communes un recours quasi-contentieux au Conseil d'État. Ce droit de recours n'existe pas pour les tiers. Ont-ils conclu des traités avec les départements, les communes, les établissements publics ? Ils ont dû savoir que ces contrats ne deviennent parfaits qu'après homologation supérieure.

Les actes de tutelle sont-ils dirigés contre les tiers? Ceux-ci se trouvent également privés du recours contentieux, parce que les arrêtés de simple tutelle ne sont constitutifs ni déclaratifs d'aucun droit, et ne sont pas un obstacle à ce que les tiers exposent et fassent valoir

leurs droits , tant devant les tribunaux judiciaires que devant les tribunaux administratifs.

Il y a exception dans le cas où l'ordonnancement serait refusé au
créancier d'une commune , d'un établissement public , parce que ce
refus blesse , non pas un intérêt , un droit éventuel , mais bien un
droit présent , manifeste , celui d'être immédiatement payé. Même dé-
cision , lorsque le créancier d'un département , ou de l'Etat pour somme liquide et exigible , ne peut obtenir du ministre des finances la
demande d'un crédit aux Chambres.

Mais le refus d'autorisation de faire vendre les biens mobiliers et
immobiliers d'une commune , autres que ceux qui servent à un usage
public , ne donne pas lieu au recours contentieux de la part du créancier porteur d'un titre exécutoire, parce que l'administration est sou-
verainement libre d'autoriser ou de refuser ce mode de paiement. (Loi
du 18 juillet 1837 , art. 46 , § 3.)

C'est sur les préfets , agents principaux du pouvoir exécutif, que
retombe le soin des tutelles administratives. Dans cette matière , leur
juridiction gracieuse s'applique à une infinité de cas , grâce , rarement
à l'urgence , presque toujours au peu d'importance qu'ils présentent.
Elle s'étend aux départements , aux communes , aux établissements publics , aux maisons d'aliénés. Parcourons les espèces les plus remar-
quables.

Départements. — Le préfet , en conseil de préfecture , approuve les
délibérations du conseil général concernant les achats , ventes , échanges
de propriétés départementales , lorsqu'il s'agit de valeurs n'excédant pas
20,000 fr. ; et les délibérations relatives aux changements de destination
des édifices départementaux. (*Vide* Foucart, II , nº 568). Dans l'urgence ,
il pourvoit provisoirement à la gestion des propriétés départementales.
(Loi du 10 mai 1838 , art. 30, § 2). Il répartit , en conseil de préfecture , l'impôt entre les communes , dans certains cas de recours contre
les décisions des conseils d'arrondissement. (Même loi , art. 46). Faute
au conseil général ou à ceux d'arrondissement , d'arrêter la répartition
des contributions directes , les mandements des contingents affectés à

5

chaque arrondissement et à chaque commune , ils sont dressés et délivrés par le préfet. (Art. 27 et 47).

Communes. — En thèse générale , l'autorité tutélaire du préfet comprend l'administration intérieure , et , pour ainsi parler , la police des communes , en tant que des intérêts trop considérables ou l'ordre public ne se trouvent pas engagés dans ces actes , dans cette administration. Les baux consentis par les communes ont-ils une durée de 18 ans au plus , les délibérations des conseils municipaux ont-elles pour objet des acquisitions , ventes , échanges d'immeubles , le partage de biens indivis d'une valeur excédant 3,000 fr. pour les communes dont le revenu est inférieur à 100,000 fr., et 20,000 fr. pour les autres communes; s'agit-il de dissoudre des conseils municipaux , tous ces actes et mille autres de même importance, excèdent les pouvoirs du préfet et nécessitent des décrets impériaux ou simples , ou rendus en conseil d'Etat. Tels sont les principes , les détails nous conduiraient trop loin.

Etablissements publics. — Ici , les questions se présentent à peu près les mêmes ; aussi les mêmes principes, les mêmes motifs, servent à les résoudre. Au préfet , la surveillance des actes qui n'importent pas à l'ordre public, qui engagent de médiocres intérêts ; à l'Empereur décidant seul , ou en conseil d'Etat, la connaissance et l'homologation des autres actes.

Etablissements d'aliénés. — S'agit-il de les fonder ou d'en dresser les réglements intérieurs ? La ratification du ministre de l'intérieur est indispensable. Quant à l'exécution de ces réglements, à la surveillance des établissements eux-mêmes , le soin en est abandonné à la discretion du Préfet.

Terminons ces quelques cas de tutelle administrative , par un exemple d'une application journalière.

Des dons et legs en argent ou objets mobiliers au profit des pauvres , des églises, des évêchés, chapitres, cures, fabriques , colléges , séminaires et généralement de tous établissements d'utilité publique et des diverses associations religieuses reconnues par la loi, ces libéralités, disons-nous , n'excèdent-elles pas 300 francs ? L'autorisation de les accepter donnée par le préfet est suffisante. — Les dons et legs en argent ou objets mobiliers dépassent-ils la somme de 300 fr. ? L'autorisation du Chef de l'Etat devient nécessaire pour pouvoir les accepter.

POSITIONS.

I. Dans quel cas un recours est-il ouvert contre les actes de tutelle ? — Lorsqu'il y a excès de pouvoir de la part de l'autorité tutélaire.

II. Quel est le recours ouvert à une commune ou un établissement public lorsqu'on leur refuse l'autorisation de plaider? — Un recours quasi-contentieux devant le Conseil d'Etat.

III. Quel est le motif de ce recours? — La privation de la propriété d'un droit.

Cette Thèse sera soutenue, en séance publique, dans une des salles de la Faculté, le 13 avril 1861.

Vu par le Président de la Thèse,

CHAUVEAU-ADOLPHE.

Toulouse, Imp Troyes OUVRIERS RÉUNIS, rue St-Pantaléon, 3.

www.ingramcontent.com/pod-product-compliance
Lightning Source LLC
Chambersburg PA
CBHW060502210326
41520CB00015B/4067